Karlheinz Deschner, geboren 1924 in Bamberg. 1951 in Würzburg Promotion zum Dr. phil. Lebt als freiberuflicher Schriftsteller in Franken. Neben Romanen, Essays, literarischen Streitschriften veröffentlichte er vor allem kirchengeschichtliche Werke und wurde einer der führenden Kirchenkritiker der Gegenwart.

Wichtigste Werke:

Die Nacht steht um mein Haus, Roman, 1955
Florenz ohne Sonne, Roman, 1958
Kitsch, Konvention und Kunst, 1957
Talente, Dichter, Dilettanten, 1964
Abermals krähte der Hahn. Eine kritische Kirchengeschichte, 1962
Das Kreuz mit der Kirche. Eine Sexualgeschichte des Christentums, 1974
Ein Jahrhundert Heilsgeschichte. Die Politik der Päpste im Zeitalter der Weltkriege, 2 Bde., 1982/83.

Deschner ist ferner Herausgeber von zehn kulturkritischen Anthologien sowie Mitarbeiter an zahlreichen belletristischen und wissenschaftlichen Sammelwerken.
In Vorbereitung befindet sich seit langem eine mehrbändige Kriminalgeschichte des Christentums.

Karlheinz Deschner

Nur Lebendiges schwimmt gegen den Strom

Aphorismen

Lenos Verlag

Band 25 der Reihe Litprint
Lenos Verlag, Basel

Satz und Gestaltung: Lenos Verlag, Basel
Umschlag: Konrad Bruckmann
Umschlagfoto: Gabriele Röwer, Mainz
Printed in Germany
ISBN 3 85787 132 6

Nach meinem Eintritt in die Welt
war ich ein ganzes Jahr sprachlos.

Für Katja,
Bärbel
und Thomas (2. Februar 1959 – 20. Oktober 1984)

Inhalt

GEIST UND KUNST

Man hat auf dieser Welt nicht nur die Wahl, mit den Wölfen zu heulen oder mit den Schafen zu blöken.

Aufklärung ist Ärgernis; wer die Welt erhellt, macht ihren Dreck deutlicher.

*

Aphorismus: ein Handstreich mit dem Kopf.

Aphorismen schreiben heisst auf die Sprünge helfen oder Beine machen.

Ein Aphorismus ist der Versuch, schon den Ton als Konzert auszugeben.

Der Aphorist mag aus Not Tugend machen, der Systematiker übt Notzucht.

*

Nichts ist gefährlicher als der Gedanke – ausgenommen Gedankenlosigkeit.

Oft braucht man viele Gedanken, um einen nicht zu haben; oft viele, um einen haben zu können.

Denken überzeugt Denkende; darum überzeugt Denken selten.

Ohne Gedanken wäre der Mensch einsam? Ist er's mit ihnen oft nicht erst recht?

Was ist Langeweile, die Denken vertreiben kann, neben der, die durch Denken entsteht!

Was uns zu denken gibt, verspricht kaum Gutes.

Denken vereinsamt; wer denkt, verstummt.

Denken heisst in Zweifeln sterben.

*

Wer schöne Aussichten braucht, darf keine tiefen Einsichten haben.

Der Weise kennt keinen Zweifel, lehrt Konfutse. Als wäre, wer keinen Zweifel kennte, etwas andres als ein Dummkopf.

Das Schwerste ist nicht, immer wieder entdecken, was man ohnehin weiss (Canetti), sondern immer wieder bezweifeln, was man zu wissen glaubt.

Skepsis – Stimulans des Intellektuellen. Und sein Stigma. Jede Antwort auf einen Zweifel erfordert neuen Zweifel.

Jean Paul ins Stammbuch: Wer zweifelt, muss so wenig verzweifeln, wie wer trinkt, sich betrinken muss.

Hebbel nennt Irrtum maskierte Wahrheit. Könnte Wahrheit nicht maskierter Irrtum sein?

Philosophieren heisst Einsicht gewinnen ins Aussichtslose.

Philosophiegeschichte ist die Geschichte von den Notlügen der Philosophen.

Zur Korrektur Hegels: Je vernünftiger man die Welt anschaut, desto unvernünftiger schaut sie zurück.

Wann ein Professor imponiert? Wenn ihn höchster Tadel trifft: Kant; wenn er wieder geht: Nietzsche; wenn er gar keiner wird: Schopenhauer.

*

Erziehung: einen Kopf drehn, bis er verdreht ist – natürlich auf den neuesten Stand.

Ein Lehrer mit Lehrbefähigung ist eine Doppelbegabung.

Oft bleibt vom Gedicht in der Deutschstunde weniger als von der Linde im Tee.

*

Es ist möglich zu leben, ohne ein Werk zu hinterlassen; aber es ist unmöglich, ein Werk zu hinterlassen, ohne gelebt zu haben.

... doch selbst der Ruhm – ein stilles Schiff, das einmal ohne Passagier die Zeit durchzieht.

Auch Lorbeerbäume wachsen nicht in den Himmel.

*

Kunst ist, was übrigbleibt, ohne zu altern.

Kunst: seltene Chance, durch Verzicht zu gewinnen.

Kunst spart aus; Kitsch verstopft die Seele.

In vielen Ländern verkümmert die Kunst; sie wird ständig beschattet.

*

Aus den Mysterien der Wälder machen wir Papier, um darauf unsre Plattheit zu verewigen.

Die Druckerkunst ist weniger die Artillerie der Idee als die Beförderin von Blindgängern geworden.

Gedrucktes verrät oft, dass es durch Druck entstand – und nicht durch den eignen.

Grosse Bücher sind auch Verlustanzeigen – sie enthalten das Leben ihres Autors.

*

Dichtung – Gedankenmusik.

*

Keine Kunst kann so viel Gewissen haben wie Literatur. Und keine so wenig.

Literatur krankt oft daran, dass sie mehr Wille als Vorstellung ist.

Es gibt zwei Arten von Literatur: eine junge und eine, die jung bleibt.

*

Eigentlich ist der Schriftsteller nur ein Lückenbüsser in andrer Leute Kopf.

Schriftsteller ist, wer sich kürzer fasst als andre und länger dazu braucht.

Jeder grosse Autor ist Ansporn und Entmutigung zugleich.

Es schreibt keiner wie ein Gott, der nicht gelitten hat wie ein Hund? Doch wer leidet wie ein Hund, ohne wie ein Gott schreiben zu können?

Einmal wenigstens im Jahr sei jedermann Genie? Ich kenne manchen, der sich täglich dafür hält und das ganze Jahr keins ist.

Man kann über einen Schriftsteller nichts Schlimmeres sagen, als dass er besser sei als sein Werk.

Es fällt schwer zu glauben, Schreiben sei Kraftüberschuss. Die meisten schreiben in einem Schwächeanfall.

Natürlich muss einer kein schlechtes Gewissen haben, zahlt man ihm viel für den Schweiss seiner Stirn. Aber wenn nicht?

Wer schreibt schon nebenbei! Die Frage ist, ob man nebenbei leben kann.

Früher lebten Schriftsteller auch von der Luft; aber heute ist sie schlechter.

*

Besser ein kratzbürstiger Stil als einer, der nach Parfüm stinkt.

Mit einer Partei lässt sich Staat machen, kein Stil.

Den Stil verbessern heisst nicht nur den Gedanken verbessern, sondern sich selbst.

*

Literarische Kritik ist die Kunst, richtig zu lesen und gut zu schreiben. Sie muss nicht gehen lehren, doch selber gehen können. Sie muss gerecht sein; gerecht heisst rücksichtslos.

Goethes Hohn, die Kritik verfolge die Autoren, aber hinkend, ignoriert, dass viele Autoren hinken, doch nicht alle Kritiker.

*

Lesen hat einen grossen Nachteil: man vergisst sich selbst. Und einen grossen Vorteil: denselben.

MENSCH UND LEBEN

Mensch: heruntergekommenes Tier.

„Er ist zu gut für diese Welt." Zu schlecht, hört man nie.

Erstaunlich, wie vieles sich verständigt, ohne Verstand zu haben, und wie viele Verstand haben, ohne sich verständigen zu können.

Ist Würde des Menschen wirklich mehr als die Haltung dessen, der sich achtet, um sich nicht verachten zu müssen?

Je schärfer ein Verstand, desto verständnisloser oft.

Pleonasmus: Unmensch.

Manche sind wie Lieder ohne Worte; die meisten aber sind nur Worte ohne Lieder.

Nichts Schöneres als über sich hinauszuwachsen, vorausgesetzt man merkt es nicht allein.

Es gibt Menschen, die besessen sind, ohne zu besitzen; und Menschen, die besitzen, doch nie besessen sind, ausser vom Besitz.

Heimat ist nicht dort, wo man wohnt, sondern wo man liebt und geliebt wird.

Irgendwo dazugehören wollen, ist unser ältester und schönster Wunsch; auch wenn man oft ein Leben braucht, um zu erkennen, dass man nirgendwo dazugehört.

Im Kopf wird die Welt einsam.

Gesichter – Aphorismen ohne Worte.

*

Am schwersten gewinnt man oft das Vertrauen eines Menschen, wenn man sein Vater ist.

Eltern kommen leichter zu Kindern als Kinder zu Eltern.

Kinder sind Hoffnungen, die man verliert, und Ängste, die man nie los wird.

*

Kein grössres Defizit als all die starken Gefühle und Gedanken, die man täglich haben könnte, und all die überflüssigen, die man Tag für Tag hat.

Was für ein Leben – Tag für Tag aufstehn, ohne sich je zu erheben!

Nur Lebendiges schwimmt gegen den Strom.

Ein paar Wahrheiten muss man sagen, um leben zu können; ein paar verschweigen aus demselben Grund.

Lec hält die meisten Nächte für zu dunkel, um gesehen zu werden; ob man nicht eher die meisten Tage übersieht?

Es kommt nicht darauf an, im Sattel zu bleiben, sondern zu reiten.

Es gehört viel dazu, eine Brücke hinter sich abzubrechen, wenn man auch keine vor sich hat.

Jeder Augenblick eröffnet neue Augenblicke, und jeder ist der Totengräber eines andern.

Ist es das Gute selbst an der schlimmsten Zeit, dass sie vergeht, ist eben dies das Schlimme auch an der besten.

Vergessen ist eine Art Heilschlaf.

Wenn das Leben beginnt, hätte man Grund genug zur Angst, hat aber keine; wenn es endet, hat man Angst genug, aber keinen Grund.

Mancher lebt nur noch, um nicht zu enttäuschen; mancher lebt eben deshalb nicht mehr.

Das Leben ist zu kurz, um es abzukürzen.

Curriculum vitae – erleben, erinnern, vergessen, vergessenwerden.

Kein Echo ist so wahrhaftig wie die Stille.

Wer die Zeichen der Zeit versteht, weiss, dass es auf die der Zeitlosigkeit ankommt.

*

Mancher Uhu meint, die Nacht komme seinetwegen.

Wer aus Mücken Elefanten macht, hat Mühe, sie lange zu ernähren.

Nie tritt man andern so auf die Füsse, wie wenn man den eignen Standpunkt vertritt.

Wer beleidigt, braucht nicht unrecht haben; es gibt Köpfe, denen man erst Verstand liefern müsste, um sie überzeugen zu können.

Tritt den Leuten nicht auf die Füsse, wenn du sie vor den Kopf stossen kannst.

Besser mit dem Kopf durch die Wand als eine Wand durch den Kopf. Besser manchmal kopfzustehen als kaputtzugehen.

Weise ist nicht, wer viele Erfahrungen macht, sondern wer aus wenigen lernt, viele nicht machen zu müssen.

Grosse Torheiten werden selten von Dummen begangen.

Wer weiss, ob der, der vor uns ein Auge zudrückt, uns nicht ins Visier nimmt?

Nur nicht auf den Leim, dachte die Fliege und flog der Schwalbe ins Maul.

*

Nicht jeder, der die Welt umfuhr, ist ihr dadurch näher gekommen.

Was hat Kolumbus eigentlich von sich entdeckt?

*

Was die Zeit betrifft, kann es immer so spät sein, wie es uns beliebt – nie so früh.

Nicht die Zeit schlägt man tot – sich.

*

Wer sein Herz verliert, ohne den Kopf zu verlieren, hat entweder kein Herz zu verlieren oder keinen Kopf.

Liebe: an jemand denken, ohne nachzudenken.

Wer einen Menschen sehr liebt, denkt nur selten über ihn nach; wer zu viel über ihn nachdenkt, liebt ihn zu wenig.

Jeder Liebende hat etwas von einem blinden Seher an sich.

Es ist in der Liebe, wie in der Kunst, nicht immer leicht, Liebhaber zu sein, ist man Kenner.

Liebe ist die Willenskraft der Träumer.

Zur Liebe braucht man mehr Phantasie als Verstand, mehr Sinn fürs Ganze als für Details und alle Leidenschaften zusammen.

Zur Liebe wie zur Musik gehören die Pausen.

Liebe ist ein Berührungszwang. Manchmal begreift die Haut mehr als der Kopf.

Liebe – das einzige Metier der Welt, in dem die Amateure besser sind als die Profis.

Liebe, die man sich aufschwätzt, braucht man wie eine eingebildete Krankheit; sie ist aber eine echte.

Im Krieg der Liebe rettet gewöhnlich seine Haut am besten, wer als erster Fahnenflucht begeht.

Liebhaber – der einzige Blinde, der trauert, gehn ihm die Augen wieder auf.

Eine Geliebte ist mehr als zwei.

Frauen und Freunde verlieren an Wert, wenn man sie zu sammeln beginnt.

Es gibt Frauen wie Quecksilber – sobald man zugreift, hat man nichts in der Hand.

Oft stirbt die Liebe so allmählich, dass man kaum sieht, wie sie die Augen schliesst.

Wer in der Liebe Wunder erwartet, vergisst, dass er das grösste schon hat.

*

Wer zusammenlebt, kann sich nicht näherkommen.

Solang jeder sich im andern täuscht, gedeiht oft die Partnerschaft; doch allmählich kennt man sich zu gut, um einander nicht fremd zu werden.

*

In der Ehe liebt man gern mit geschlossenen Augen, um die Phantasie nicht zu stören.

Man kann mit der Ehe warten, bis man endlich den Falschen erwischt, oder solange mit dem Richtigen verheiratet sein, bis er sich doch als der Falsche erweist.

Ehe: erst kommt man nicht ohne, dann nicht miteinander aus; erst teilt man die Einsamkeit, dann verdoppelt man sie.

Die meisten Ehen sind Blindgänger oder Zeitzünder und dauern länger als beide Weltkriege zusammen.

Ob mehr Ehen scheitern, weil einer immer die Unwahrheit oder einer immer die Wahrheit sagt?

Wer keinen Strich durch seine Vergangenheit machen kann, muss oft die Gegenwart ausstreichen.

Es gibt viele in erster Ehe ohne erste Liebe.

Gewöhnlich zeigt die zweite Ehe, dass man aus der ersten nichts gelernt hat.

*

Treue? Phantasielosigkeit. Untreue? Dasselbe.

*

Eifersucht – ein guter Boden für Gespenster.

Eifersucht muss nicht Angst sein vor dem Vergleich; zu oft wirft Leidenschaft sich an Hälse, die jeden Vergleich scheuen.

*

Dass man sein Glück stets auf Kosten andrer macht, hat noch niemand gehindert, nicht sein Glück machen zu wollen.

Dem Verzweifelten kommt oft die Zeit entgegen, dem Glücklichen nie.

Niemand ist glücklicher, als wer kein Glück braucht, um glücklich zu sein.

*

Kein Mensch ist freier als ein Kettenhund – nur die Kette ist länger.

Man tut nie, was man will, sondern was man muss. Wollen ist ein Euphemismus für müssen.

Die grösste Freiheit, die zu gewinnen ist: die Freiheit von Illusionen; die schönste: vergessenkönnen Mensch zu sein.

Frei ist, wer von niemand abhängt: keiner.

*

Wer keine Illusion hat – hat diese.

*

Einbildungen: Gefängnisse, die Spielraum geben.

*

Geduld: Leidenschaft im Wartezustand.

*

Prinzip Hoffnung: Hofnarr des kleinen Mannes.

Hoffnung – eine gute Diät für ein mageres Leben.

Man kann ohne Hoffnung sterben, aber kaum leben. Das Beste jedoch ist die Hoffnung schon deshalb nicht, weil sie selbst beweist, dass es Bessres gibt.

Wieviel man wohl durch all die Hoffnungen verliert, die sich erfüllen?

Robert Walser empfiehlt: stets mehr Hoffnung als Erinnerung. Ein weiser Rat. Doch wird jeder im Leben an Erinnerung reicher und an Hoffnung ärmer, allen weisen Ratschlägen zum Trotz. Natürlich kann man weiter hoffen und, je älter desto mehr, einen Narren aus sich machen, sogar auf Empfehlung eines Weisen.

Man muss manchmal die Hoffnung verlieren, um etwas zu finden, das mehr taugt als sie.

*

Ironie ist unglückliche Liebe zum Leben; der Versuch des Kopfes, sich des Herzens zu erwehren.

Jeder grosse Spott wird aus Trauer geboren.

*

Jung ist man bis zum Hochverrat an den Idealen der Jugend. Alt ist, wer sich selber nicht mehr überraschen kann.

Es ist schwer, alt zu sein, wenn man noch jung ist.

Das Immer-jünger-werden beginnt erst im Alter, das Älterwerden bei der Geburt.

Man leidet im Alter weniger an Erfahrungen, die man macht, als an denen, die man nicht mehr machen kann.

Als er achtzig war, fragte ich Kurt Hiller, warum er so jung sei; er schrie: „Der Hass hält mich jung!"

Alter ist kein Problem: eine Katastrophe.

*

Schlimm wird das Warten erst, wenn man auf nichts mehr zu warten beginnt.

Eine der häufigsten Krankheiten und schlimmsten, an denen man stirbt, ist ein Leben, das man nicht gelebt hat.

Dass das Leben verlieren keine grosse Sache sei, glaubte ich leichter, sagte es einer, der es verloren hat.

Abschied – Möglichkeit einander nahzukommen.

Wer zuletzt lacht, stirbt am schönsten.

Sterben heisst Boden gewinnen.

Man kann sein Leben auslöschen, nicht seine Vergangenheit.

*

Ob Grabschriften weniger lögen, schriebe sie jeder sich selbst?

Grabsprüche haben etwas Versteintes an sich.

Die einzige Spur von Wahrheit auf einem Grabstein ist die Verwitterung.

Wenn man lang genug wartet, zeigt jeder Mensch einmal Rückgrat.

GESCHICHTE UND POLITIK

„Die Geschichte wiederholt sich nicht"; das wiederholt sich dauernd – wie die Geschichte.

Die Geschichte schreitet im Krebsgang voran, von Metastase zu Metastase.

Geschichte kennt kaum Gefährlicheres als den Gleichschritt und seine Folgen.

Je mehr Menschen den Kopf verlieren, desto grösser der historische Augenblick.

Wer in seiner Zeit die Parodie aller vorhergehenden sieht, kennt die vorhergehende nicht. Wer die Vergangenheit in Ehren hält, tut der Zukunft nichts Gutes.

Je gläubiger man in die Zukunft blickt, desto weniger hat man sich in der Vergangenheit umgesehn.

Wer prophezeien will, braucht nur zurückzuschauen.

Skeptisch an jeder Sternstunde stimmt die Nacht darum.

Die Helden der Geschichte haben alle etwas von Herostraten an sich.

„Verzeichnis der Zufrühgekommenen" nennt Rilke die Geschichte, und auch ich bin Optimist und glaube, dass es besser wird, wächst erst Gras über sie.

Man muss die Geschichte kennen, um sie verachten zu können. Das Beste an ihr ist, dass sie vorübergeht.

*

Die Geschichte geht ihre eigenen Wege. Und die Geschichtsschreibung auch.

Es steckt mehr Legende in der Geschichtsschreibung als Geschichte in der Legende.

Spuren kleiner Verbrecher verfolgen Polizisten und Hunde; um die der grossen dienern die Historiker.

Wer Weltgeschichte nicht als Kriminalgeschichte schreibt, ist ihr Komplize.

*

Wer anders denkt als seine Zeit, muss nicht von gestern sein; wer denkt wie sie, ist es.

Wenn die Zeit den Atem anhält, steht ihr gewöhnlich auch der Verstand still.

Besser falscher Alarm als versäumter. Mundhalten ist keine Überlebenschance mehr.

Unsre Fähigkeit, trotz unsrer Zeit zu hoffen, ist der beste Beweis für die Hoffnungslosigkeit unserer Zeit.

Man predigt Mitleid mit den Alten und schimpft auf die Jugend, die lebt wie sie lebt, weil sie ahnt, dass sie nicht alt werden wird.

Ob auch die Zeit der Atomkriege einmal als gute alte Zeit gelten wird?

Dem Jahrhundert des Lärms folgt das Jahrtausend der Totenstille.

*

Hat eigentlich die Skepsis auf die Schlachtfelder geführt oder der Glaube?

Je weiter die Waffen tragen, desto näher kommen sich die Kontinente.

Seht, sie schlagen Brücken zueinander – gut vermint!

Sie machen gute Minen zum bösen Spiel.

Ein Jammer, dass all die Leute, die nie das Pulver erfunden hätten, damit hantieren dürfen.

Was steckt denn im Wort Soldat? Ehre? Freiheit? Vaterland? Der Sold steckt darin!

Ob Denkmäler nachdenklich stimmten, stände nur noch ihr Sockel?

Militär ist die Mystik des Mordes.

Wer einen Orden an der Brust trägt, ist belastet.

Wie viele beteten schon vor Altären, auf denen sie geopfert wurden.

Angst macht weitsichtig; Helden sterben an Kurzsichtigkeit.

„Entscheidungen sind Ausführungen nicht erhaltener Befehle." Oder Nichtausführungen erhaltener.

Armee – Hinrichtungsstätte der Nation.

Die Hinterlassenschaft der Kriegskunst liegt auf den Heldenfriedhöfen.

Vielleicht gewisse Denkmäler niederlegen – anstelle von Kränzen?

*

In Deutschland singt man selten Lieder ohne Wirte.

Beim Wort Revolution erstarrt Deutschland, bei der Mobilmachung wird es lebendig.

In Deutschland schätzt man Tradition; jedes Kriegerdenkmal stärkt die Zuversicht auf ein neues.

Die öffentliche Meinung konnte hier stets das Beste verhindern, aber noch nie das Schlimmste.

Erst kommt das Fressen, dann die Moral; aber manchmal frisst alles, und die Moral kommt doch nicht.

Die Erfinder von Auschwitz erfinden heute Witze darüber.

Unser Deutsch wird humaner: statt Arbeiter Mitarbeiter, statt Kriegsminister Verteidigungsminister, statt Todesschuss Rettungsschuss. Und statt killen: Overkill.

Seit Einführung des Rettungsschusses drückt der deutsche Polizist gern ein Auge zu.

Das Interview: – „Ich höre gern Hans Albers", „La Paloma oder den Corned beef Millionär, das kann ich dann dreimal hören ..." – „... zu Mahler eine Beziehung?" – „Ja sicher, ich bin auch net dagegen ..." – Zur Malerei: „Ich muss überlegen. Ich bin keiner, der aus der Hand rausschiesst ..." – Einen Lieblingsdichter vielleicht? – „Also, wenn Sie mich so fragen – ganz vornean, alles andre totschlagend, das war Hölderlin ...". Also sprach ein deutscher Kanzlerkandidat – und wurde Kanzler.

Das Herz des Deutschen schlägt selten höher, ohne dass auch seine Faust zu schlagen beginnt.

Drauf und dran, schlagfertig, schlagkräftig, Schlag auf Schlag, so fühlt sich der Deutsche am wohlsten; oft wird bei ihm mit einem Schlag alles anders.

Im Deutschen schlagen sich sogar die Gedanken nieder. Oder sie schiessen durch den Kopf.

Der Deutsche liebt Einschneidendes. Er schneidet ein Problem, eine Frage an, ein Wort ab; er macht

Hauptabschnitte. Der Deutsche liebt Bestechendes. Er kennt Stichtage, Stichworte, Stichproben – Abstecher.

Ein Deutscher wirft nicht gern die Flinte ins Korn. Er ist stets auf Posten, tut alles gezielt, geht in Anschlag, bringt in Schuss, schätzt Kaliber, Knallhartes, die Durchschlagskraft, Vorschüsse, Ausschüsse, das Sicheinschiessen, Nachschiessen, das Verfechten seines Rechts. Er macht schnell fertig, räumt noch unter Feinden auf, säubert ganze Länder. Der Deutsche mag das Mordsmässige: Mordsglück, Mordsdurst, den Kanonenrausch, er feiert Schlachtfeste, Bombenerfolge und Vollblutpolitiker.

Der Antipode dessen, der keinen Schuss Pulver taugt, ist in Deutschland der Mordskerl.

Das Gegenteil blutigen Ernstes ist für den Deutschen der Mordsspass.

Wenn etwas zum Schiessen ist, amüsiert sich der Deutsche besonders.

Selbst im Krieg – sah ich oft – gehn Deutschen nicht die Augen auf, bevor sie sich für immer schliessen.

Rindvieh, rühmt Tacitus („Germania" 5) als einzigen Reichtum des Landes. Zwar sei es meist ein kleinwüchsiger Schlag, doch die Stückzahl erstaunlich (numero gaudent).

Zu Beginn des Jahrhunderts lebten die Deutschen zwischen Stimmungskanonen und Kanonenstimmung; an seinem Ende werden sie verstummen.

*

Jeder Staat beruht auf Macht, jede Macht auf Gewalt, und Gewalt zieht, sagt Einstein, stets moralisch Minderwertige an.

Staat: ein Riese, den Zwerge kommandieren; die unanständige Art weniger, auf Kosten aller zu leben.

Pleonasmus: Staatsaffäre.

Regiert von einem kleinen Klüngel wechselnder Figuren unter wechselnden Namen, scheint es Hauptzweck des Staates, ein Volk zu weiden, zu scheren und zu schlachten; dass dies alles meist nach Recht und Gesetz geschieht, setzt dem Ganzen die Krone auf.

Regieren heisst, mit den Stimmen der Armen und dem Geld der Reichen, diesen noch mehr, jenen noch weniger geben.

Der Staat will nur unser Bestes? Eben.

Der Räuber nimmt Geld oder Leben, der Staat beides.

Gewöhnlich herrschen grosse Verbrecher über kleine; geschieht es umgekehrt, herrscht Anarchie.

Staaten setzen nicht, wie Schopenhauer glaubt, der grenzenlosen Ungerechtigkeit der Menschen Schranken, sondern verbreiten die Ungerechtigkeit noch über alle Grenzen hinaus.

Im entscheidenden Moment gipfelt die Moral des Staates darin, keine zu haben.

Je weniger eine Regierung Geheimnisse ihrer Bürger duldet, desto mehr hat sie selbst.

Der Verrat des Staatsgeheimnisses kostete schon manchem das Leben – das Staatsgeheimnis Millionen.

Nicht der Kriegskrüppel heisst Staatskrüppel; Staatskrüppel heisst, wer sich weigert, Kriegskrüppel zu werden.

Thron und Altar: altes Unternehmen zur Vernagelung von Holzköpfen und -särgen.

Gehört zur Verstaatlichung der Produktionsmittel denn immer auch die des Gehirns?

Ideologie: Idee im Kriegszustand.

Etwas ist faul im Staate Dänemark? Glückliches Land.

Nur das Staatstheater kann es sich leisten, untauglichen Leuten Hauptrollen zu geben.

Gewöhnlich behauptet die Regierung optimale Besetzung, und gewöhnlich erweist ihre Aufführung das Gegenteil.

Das einzige System, das vorerst Vertrauen verdient, ist das Sonnensystem.

Die einzige Kunst, der nie etwas Neues einzufallen braucht, ist die Staatskunst.

*

Es gibt Staatsmänner, deren Reden man anhört, dass sie die grössere Durchschlagskraft ihren Maschinengewehren zutrauen.

Damit ein Staatsmann gerade stehen kann, müssen oft ganze Völker fallen.

Bekam nicht mancher schon ein Staatsbegräbnis, der zum Begräbnis seines Volkes führte?

Führer: stets einer, der die andern braucht und ihnen weismacht, sie brauchten ihn.

Oh Jahrhundert, oh Wissenschaften! Ein Hollywoodmime, der das Weltende auslösen kann – als ging's um den Schluss eines Gangsterstücks.

*

Die schönsten Gipfelgespräche führen die Vögel im Wald.

Politik ist nicht die Kunst, das Notwendige zu ermöglichen, sondern zu verhindern; die Kunst, sich derer zu bedienen, denen man zu dienen vorgibt; die Kunst, Blut zu beruhigen, Blut zu erregen und Blut zu vergiessen.

Politik ist die Kunst, für viele möglichst wenig und für wenige möglichst viel zu tun.

In der Politik erinnert alles an Groschenromane – nur nicht der Preis.

Das Wahlversprechen ist der Zwillingsbruder des Wahlbetrugs.

Die Phrase ist die Muttersprache der Politik.

Die meisten Opfer gewaltsamen Todes gehen an einem Schlagwort zugrunde.

Demokratie ist die Kunst, dem Volk im Namen des Volkes feierlich das Fell über die Ohren zu ziehn.

Blindgänger, die herumliegen, sind harmloser als jene, die herumlaufen.

Das Gegenteil des Organischen ist gewöhnlich das Organisierte: offene Mäuler und vernagelte Köpfe.

Die Organisation bewahrt die Welt nicht vor dem Zusammenbruch, sie bewirkt ihn.

Je hohler ein Kopf, desto voller das Echo.

*

Freie Presse: jeder darf lesen, was gedruckt wird.

Zensur. – Erst ärgert sich der Zensor, dann der Zensierte, dann das Publikum: teils weil ihm etwas vorenthalten wird, teils weil dies ihm zugemutet werden sollte. Merke: Aufgabe der Zensur ist die Verhinderung von Ärgernis.

Politischer Moralbegriff: es darf nicht scharf geschrieben, doch scharf geschossen werden.

*

Ausser den Füssen vertritt man am leichtesten das Volk.

Die Politik brauchte ethische Konstruktivisten, kennt aber meistens nur Dekorationsmaler.

Mancher trägt die Flecken auf seiner Weste wie Orden.

Das Charakteristische des Politikers ist nicht, dass er für eine Partei agitiert, sondern dass er für jede agitieren könnte.

Wer seinen Standpunkt wechselt, muss nicht seine Überzeugung wechseln, wenn das Wechseln des Standpunkts zu seiner Überzeugung gehört.

Politiker juckt es erst, wenn man sie kratzt.

Ihr Sprachschatz ist so gross wie ihr Gesichtskreis: stets dieselben Worte, die sie gebrauchen, die sie nicht gebrauchen, die sie missbrauchen.

Das Hauptwerk des Politikers heisst Maulwerk und spricht für sich. Es kann aus jeder Phrase eine grosse Idee und aus jeder grossen Idee eine Phrase machen.

Wenn der Politiker nicht mit leeren Hülsen schiesst, schiesst er mit vollen.

Wer einem Strauss zuneigt, läuft auch Gefahr, ihn auszufechten.

Politiker und Militär – Schlagworte und Schläge.

GESELLSCHAFT UND RECHT

Was die Gesellschaft stets am meisten verteidigt, ist ihr Unrecht, nicht ihr Recht.

Moral – meist Predigt dessen, der nicht daran glaubt, für den, der sich nicht darum kümmert.

Moral? Der Heiligenschein des Egoismus.

Die Moral, die nicht für unsre Kinder gut genug ist, taugte schon für die Väter nicht.

Der „gute Ton": meist bloss Desinteresse; der böse Ton beginnt, wo das Interesse beginnt.

Ist das, was man böses Gewissen nennt, immer ein gutes (Fontane), müsste ein „gutes Gewissen" immer ein böses sein – und so ist es auch.

„Die Stunde der Wahrheit schlägt!" Die Stunde der Lüge schlägt, hört man nie. Sie schlägt immer.

Seltsam, dass die Lügen mit ihren kurzen Beinen so viele Rennen gewinnen.

Ethik: die Phantasie des Opfers im Raubtierkäfig.

Realist ist, wer die Dinge nimmt, wie sie sind; vor allem, wenn sie ihm nicht gehören.

Benehmen kommt von nehmen. Wer nahm, wurde vornehm. Nur wer zu wenig nahm, verriet schlechte Kinderstube und endete im Kerker oder am Galgen.

Pleonasmus: Raubritter.

„Anspruchslosigkeit ist Seligkeit" – für die Anspruchsvollen!

Eigentum ist Diebstahl? Eigentum ist Mord.

Volkseigentum heisst es, wenn den meisten das wenigste, Privateigentum, wenn den wenigsten das meiste gehört.

Da die Leibwächter, dort die Beschatter, so ist für alle gesorgt.

Opportunist: schwanzwedelnder Hund unter Wölfen.

Je ärmer ein Mensch, desto weniger ist er seine Privatangelegenheit.

Wer keine Rolle spielt, spielt die schlimmste.

Wieviele schon durch jene Kugeln starben, die sie zur Rettung ihrer Arbeitsplätze gossen?

Ordnung, sagt Kant, ist die Verbindung des Vielen nach einer Regel. – Zum Beispiel: wenn Polizei das Volk nach Vorschrift zusammenschlägt.

Köpfen – stets ihr treffendstes Argument gegen den Kopf.

Dass Weltverbesserer das Bessre oft für sich wollen, ist noch kein Grund, die Partei ihrer Gegner zu ergreifen, die es schon haben.

In die gute Gesellschaft kam man früher erst über ganze Ahnengalerien von Halunken. Heute schafft man es in einer Generation.

Wer nicht Feind vieler Menschen ist, ist der Feind aller.

*

Ob aller Fortschritt wie der des blinden Pferdes in der Mühle ist?

Vom Kopfjäger zum Gehirnwäscher, vom Faustrohr zur Rakete, von Friedensschluss zu Friedensschluss – wer bestritte den Fortschritt?

Fortschritt? Von Fall zu Fall.

Das Raubtier im Menschen macht Fortschritte als Verkleidungskünstler.

Die Zeit ist explosiv, der Mensch stürmt in Detonationen voran, die Welt stinkt zum Himmel und noch ihr letzter Schrei wird dem Segen der Technik gelten, womit sie zur Hölle fährt.

Durch die Macht der Technik gewinnt selbst die Luft allmählich Konturen.

Es gibt nur einen Fortschritt heute: Befehlsverweigerung.

Ein Fortschritt, von dem ich träume: dass Politiker nicht mehr die Welt erschüttern, sondern das Zwerchfell.

Ohne jene, die die Welt verbessern wollten, doch nicht konnten, wäre die Welt schlechter.

*

Das Recht: weniger eine Gewalt, die der Gewalt das Recht streitig macht, als eine Gewalt, die, weil durch Gewalt erstritten, auch für die Gewalt streitet.

Recht ist der Fortschritt des Faustrechts in Paragraphen; die Maske der Gewalt.

Alles Recht ist durch Gewalt entstanden und wird auch durch Gewalt verteidigt. Niemand ist gewalttätiger, als wer das Recht diktiert, und niemand rechtloser, als wer keine Gewalt hat. Niemand wird mehr verteufelt, als wer gegen Gewalt ist. Und niemand ist teuflischer als der, der sie hat.

Alles Recht gründet auf Besitz. Und der Besitz?

„Unrecht zu Hauf!" – Vom Recht hört man's nie.

Warum dem Gutes nicht geschieht, dem „recht" geschieht?

Wer das Recht bricht, ist oft weniger kriminell, als wer es verbricht.

„Gesetz gemacht, Betrug erdacht." Und umgekehrt!

*

Das Recht ist keine Vorstufe der Gerechtigkeit – es beugt ihr vor.

Solang das Recht nicht aus der Gerechtigkeit kommt, kommt keine Gerechtigkeit aus dem Recht.

*

Gegenüber dem Tier ist der Mensch Gewohnheitsverbrecher.

Die Speisekarte – das blutigste Blatt, das wir schreiben.

Ob der Mensch auch deshalb Tiere tötet, weil ihm noch keines widersprochen hat?

Jäger mögen sie nicht: – Wildpret!

Moralische Bedenken gegen Kalbsbraten? Von Seite der Erzieher nicht. Von Seite der Jurisprudenz nicht. Von Seite der Moraltheologie nicht. Von tausend anderen moralischen Seiten ebenfalls nicht. Von der des Kalbes vielleicht?

Ehrfurcht vor dem Tier hegten selbst schon kirchliche Kreise. Zumindest behauptet Lichtenberg, dass Mönche der Gascogne eine Maus für heilig hielten, die eine Hostie gefressen hatte.

RELIGION UND KLERUS

Manche Seuche heisst wie manche Religion.

Religionen sind Fertighäuser für arme Seelen.

Ein wenig Güte ohne alle Religion taugt tausendmal mehr als alle Religion ohne Güte.

Weil der glückliche Mensch gewöhnlich keine Religion braucht, können Religionen gewöhnlich keine glücklichen Menschen brauchen.

Jede Religion lebt auch davon, dass ein Teil ihrer Diener mehr taugt als sie.

Die Wahrheit ist nicht beliebt; die Religion!

*

Gott – das trojanische Pferd aller Pfaffen.

Gott ist der einzige Herr der Welt, der weniger zu sagen hat als seine Diener.

Wäre Gott nicht zum Menschen gekommen, wäre der Mensch vielleicht bei sich selber.

Wenn der Teufel das Zeitliche segnet, geht auch Gott in die Knie.

Wenn Freude an Blasphemie eine Kinderkrankheit ist (Ebner-Eschenbach), ist dann Freude am Gegenteil Schwachsinn im Alter?

*

Christentum – die Religion der Frohen Botschaft mit der Kriegsbemalung.

Woran liegt's denn, dass das Schlimmste so oft mit dem besten Gewissen geschieht und das Beste mit einem schlimmen?

Der Christ braucht Strafe, der Klerus liebt die Strafe, vom Beichtvater bis zum Himmelvater straft alles. Und da sagt Jean Paul: Freude am Strafen hat nur der Teufel.

Vom Weihnachtsfest zur Himmelfahrt – lauter Plagiate.

Was die Predigt offenlässt, übertönt die Orgel.

Sicher an der Erlösung ist nur der Erlös daraus.

Es ist das ganze Kunststück christlicher Sozialmoral, aus den grossen Opfern der Armen für die Reichen kleine Opfer der Reichen für die Armen zu machen.

„Ende gut, alles gut." Ein unmoralischer Satz. Ein christlicher.

Die guten Christen sind am gefährlichsten – man verwechselt sie mit dem Christentum.

*

Inquisitor-Optik: Nie war die Erde herrlicher erleuchtet als durch die Scheiterhaufen!

Steigerung: Eifer – Glaubenseifer – Feuereifer.

Klassischer Katholizismus. Bei Mehrheit: gegen Toleranz; ohne sie: dafür.

Pleonasmus: politischer Katholizismus.

Legenden sind Lügen mit Heiligenschein.

Kein Heiliger ist harmlos – nicht einmal einer aus Holz.

Das Beste an der Religion sind selten ihre Ketzer, oft das Schlimmste aber ihre Heiligen.

„Wenn ich von heiligen Dingen lese, fasst mich ihre Erinnerung, bloss weil sie heilig waren ...". So oft Canetti vom Heiligen spricht, ist er ahnungslos wie beinah alle, wie selbst Cioran: „Unverwendbarer sein als ein Heiliger ...". Nicht nutzlose Betbrüder nämlich erklommen die „Ehre der Altäre", nein, Ausbeuter, Diebe, Antisemiten, Erpresser, Fälscher, Brandstifter und Bestechungsspezialisten, Mörder und Massenmörder. Helvetius wusste es: „Wenn man ihre Heiligenlegenden liest, findet man die Namen von tausend heiliggesprochenen Verbrechern." Und fast alle aus der Oberschicht!

Von allen Heiligen mag ich allein die heiligen Kühe; doch alle andern Kühe gelten mir genausoviel.

*

„Das Christentum schlägt den Menschen tot, damit er nicht sündigen kann." Hebbel irrt. Nicht deshalb – aus Machtgier erschlug das Christentum, das von der Sünde lebt! Sei ein Sünder und sündige wacker, lehrt Luther, aber vertraue und freue dich in Christus.

Die Heiligenlegenden entlarvte Luther als Märchen. An den Bibellegenden hielt er fest; am Teufelsglauben auch; am Hexenwahn auch; an der

Ketzervertilgung auch; am Antisemitismus auch – an Kriegsdienst, der Leibeigenschaft, den Fürsten. Man nennt es: Reformation.

Ökumene – eine Konfusion stärkt die andere.

*

Blinder Glaube? Was sonst!

Vom blinden Glauben leben die Seher.

Es gäbe wenig Gläubige auf der Welt, kennten sie ihre Glaubensgeschichte so gut wie ihr Glaubensbekenntnis.

Man kann Logik Glaubenssache nennen, aber die Sache des Glaubens nicht Logik.

Nachbeten ist ein Schmähwort – nachdenken nicht!

Wer nicht denken kann, glaubt. Wer Angst vor dem Denken hat, glaubt. Wer glaubt, denken zu können, glaubt. Und das glauben fast alle.

Glaube – der Krückstock, mit dem Lahme ihre Flüge in höhere Welten bestreiten.

Der Glaube versetzt Zwerge.

Erbsünde? Vererbung des Glaubens!

Wieviel Unheil der Menschheit im Glauben an Gewissheit gründet! Und wieviel Heil im Glauben ans Gegenteil!

Dass Glaube etwas ganz andres sei als Aberglaube, ist unter allem Aberglauben der grösste.

Aberglaube – Glaube ohne Stammbaum.

Wer mit Überzeugungen prahlt, vergisst, wieviele und zumal dumme vertreten wurden bis zum Martyrium.

Glauben und verdummen. – „Alles was die Ungläubigen sagen ...". Pascal bricht ab. „Sie irren sich, es gibt ...". Pascal bricht ab. „Wenn man sich nur um Sicheres bemühen dürfte" – hier fährt Pascal fort: „dürfte man sich nicht um die Religion bemühen; denn sie ist nicht sicher." Und sein Rat? „Sie möchten zum Glauben gelangen ...: lernen Sie von denen, die in Ihrer Lage waren ... Handeln Sie so, wie diese begonnen haben: nämlich alles zu tun, als ob sie gläubig wären, Weihwasser zu benutzen und Messen lesen zu lassen usw. Ganz natürlich wird das Sie sogar glauben machen und verdummen. – 'Das aber ist es, was ich fürchte.' – Und weshalb, was haben Sie zu verlieren?" Den Verstand.

Die Engel singen hören – verheisst das Gutes?

*

Wie vielen doch Augustinus aus der Seele sprach: Herr, gib mir Keuschheit, nur nicht gleich!

Welcher Puritaner strich aus dem Wort Leidenschaft denn die Lust?

Welche Infamie schon das Wort Unschuld! Als begänne jenseits davon – die Schuld.

Dass man bei uns ein Verbrechen gesteht und die Liebe – geschieht es nicht, weil man die Liebe bei uns zum Verbrechen gemacht hat?

*

Demut – Hochmut des Katzenjammers.

Demut ist nur eine Form der Rache.

*

Kirche – metaphysische Bedürfnisanstalt. Eine Praxis, die krank macht, um heilen zu können; die in Nöten hilft, die man ohne sie gar nicht hätte; das Gängeln derer, die noch glauben, durch jene, die nicht mehr glauben.

Kirchen sind Handelsvereine: ewiger Gewinn für die Gläubigen, zeitlicher für die Priester.

Anbeten fördert immer irgendeine Teufelei.

Schicksal der Kirche? Kein Elefant verfault an einem Tag.

*

Wo Klerus herrscht, hat Kreuz kein Ende.

Ein rechter Pfaffe bewegt sich immer wie eine ganze Prozession.

Wie der Klerus doch, was er im Mutterschoss schützt, preisgibt im Krieg; als sammelte er in Weiberbäuchen – Kanonenfutter.

Vordergründig! So schreit jeder Pfaffe, deckt man seine Hintergründe auf.

Die wenigsten ahnen, dass der grösste Teil der Klugheit des Klerus in der Dummheit der Laien besteht.

Der blutige Laie – wem wir den wohl verdanken?

Lassen Wendungen wie: ins Gebet nehmen, abkapiteln, abkanzeln, die Leviten lesen, eine Strafpredigt halten generell auf das Verkündigen der Frohen Botschaft schliessen?

Priester sind im Glauben auch nicht erfahrener; aber im Unglauben.

Priester: kein Beruf, ein Charakterdefekt.

Theologe – einziger Experte ohne Ahnung von seinem Forschungsobjekt.

Missionare in der Heimat kommen mir immer wie Seeräuber auf Urlaub vor.

Pectus facit theologum? Pellis! (Pellis ovis, pectus lupi.)

Päpste und Hochstapler wechseln die Namen.

ÜBER MICH SELBST

Nach meinem Eintritt in die Welt war ich ein ganzes Jahr sprachlos.

Nicht aus Scheu, die Menschen kennenzulernen, wurde ich misstrauisch, sondern weil ich sie kennenlernte – auch mich. Immer wieder misstraue ich mir, und immer wieder vertraue ich niemandem mehr als mir selbst.

Ich bin, zum Glück, nicht mein einziger Feind, doch manchmal mein grösster – und das versöhnt mich fast schon wieder mit mir.

Ich würde oft Verrücktes tun, fürchtete ich nicht, dass es nur Dummes wäre; weise aber möchte ich schon deshalb nicht sein, um nicht auf jede Torheit verzichten zu müssen.

Ich bin anspruchslos, doch schwer zufriedenzustellen. Ich kenne keine richtigen Wege; nur schwere.

Fussangeln lege ich nicht – Minen.

Mich selber nehme ich wie vieles: ziemlich wichtig, nie ganz ernst.

Die Geheimnisse der Welt ertrage ich gut; aber nicht die Erklärungen dafür.

Ich möchte nicht alles verstehen – schon um nicht alles verzeihen zu müssen.

Ich würde mich für viele Ideen begeistern, wären nicht deren Verfechter.

„Meinem Vater", widmete ich ein Buch, „der möchte, dass ich mit aller Welt in Frieden lebe." Nicht mit aller Welt in Frieden, sagte mein Vater. Ich möchte, dass Du nicht Krieg führst mit aller Welt.

Am meisten unter allen Bäumen liebe ich die Pappel – den Baum, der jung aussieht, sagt Joubert, selbst wenn er alt ist.

Ich glaube an den Triumph des Unkrauts über die Chemie.

Bruckner – die Sprache, mit der ich zu mir selbst am liebsten spreche, weil sie, was unsagbar und doch nicht zu verschweigen ist, für mich am schönsten sagt.

Noten, die ewig sind, schreibt nur der Wind.

Ich hatte keine Zeit, mich um Gott zu kümmern; doch für seine Diener nahm ich sie mir. Wer aber ohne jede Anfechtung aufklärt und Trauer, ist mir fremder als der religiöse Mensch.

Beim Vergnügen fehlt mir oft die Arbeit, bei der Arbeit selten das Vergnügen.

Mein einziges Stimulans bei der Arbeit: die Arbeit. Ich hatte eine Engelsgeduld mit ihr; aber ich hatte sonst keine Geduld mehr.

Immer war mir wichtig, verstanden zu werden; doch ich sagte nicht alles, was mir wichtig war; keine literarische Frage – eine des Strafgesetzbuchs.

Ich musste nicht alt werden, um zu erfahren, nie wissen zu können, was ich wissen wollte; aber ich musste alt werden, um es vergessen zu können. Und ganz vergass ich es nie.

In meiner Jugend hoffte ich aufs Alter. Dann schien es mir schlimmer, alt zu werden als alt zu sein. Im Alter fand ich nichts schlimmer als dies.

Mein Leben lang erhoffte ich eine grosse gute Nachricht; nun hoffe ich nur noch, dass mich keine Nachricht mehr erreicht.

Meine Heimat? Ein paar Tote, gewisse Wälder und ungewisse Gedanken. Mein Jenseits? Die Landschaft; vom Baum vor mir bis zum Himmel darüber.

Der einzige Glaube, den ich mir wünschte, wäre der an mich selbst.

Meine Lebenslüge: die Hoffnung, einmal besser beurteilt zu werden als durch mich.

Am liebsten hätte ich manchmal im Jahrhundert vor Adam und Eva gelebt.

Wenig ist so schlimm, als am Ende seines Lebens zu erkennen, nicht gelebt zu haben. Dies ist vielleicht schlimmer, als es nie zu erkennen. Am schlimmsten aber, schon früh zu begreifen, dass man lebt, ohne zu leben – und doch so zu leben.

Von Zweifel zu Zweifel, ohne zu verzweifeln. Im Grunde bin ich ein aus lauter Zweifeln bestehender gläubiger Mensch.

Ein Nachwort, das nicht vorgesehen war

Der Anlass dazu ist die Verlagsnachricht vom 6.12.1984, bereits während der Satzproduktion dieses Buches: „Soeben habe ich den neuen Band von Michael Schneider entdeckt mit dem Titel 'Nur tote Fische schwimmen mit dem Strom' (Essays, Aphorismen und Polemiken). Da die beiden Titel, obwohl gegenteiliger Aussage, sehr ähnlich klingen, möchten wir Ihnen vorschlagen, für den Aphorismenband einen andern Titel zu wählen. Bitte teilen Sie uns mit, wie Sie darüber denken."
Ich las noch einmal: „Nur tote Fische schwimmen mit dem Strom" – und beschloss, bei meinem Titel zu bleiben.
Bevor ich dies begründe, ein paar beiläufige Bemerkungen zur Originalität und vor allem ein paar Illustrationen (des Gegenteils).
Zwar halte ich Originalität für möglich, ja notwendig. Doch sogar Pascal liess den Einwand – von ihm selbst erhoben – er habe nichts Neues gesagt, im Wesentlichen auf sich sitzen. Auch Goethe erklärte, alles Gescheite sei schon gedacht worden, das Pochen auf Priorität wahre Narrheit; „denn es ist bewusstloser Dünkel, wenn man sich nicht redlich als Plagiarier bekennen will". Und unleugbar ist auch Eigentum an Gedanken, mehr oder minder, oft Diebstahl, leben alle geistigen Menschen,

mit Canetti zu sprechen, auch davon; lesen die grossen Aphoristiker sich so, als hätten sie sämtlich einander gut gekannt.
Das gilt freilich nicht nur von den grossen Aphoristikern. Und es gilt überhaupt nicht nur von Aphoristikern.
Da dachte einer: „Ich weiss, dass ich weiss, dass ich nichts weiss." Danach entdeckte Montaigne: „Es gehört doch immer ein gewisser Grad von Einsicht dazu, wahrzunehmen, dass man nichts wisse"; grübelte Goethe: „Eigentlich weiss man nur, wenn man wenig weiss; mit dem Wissen wächst der Zweifel"; schrieb Friedrich Schlegel: „Mit dem Wissen nimmt das Nichtwissen in gleichem Grade zu, oder vielmehr das Wissen des Nichtwissens."
So umwerfend neu ist das alles nicht; ja, es ist, gegenüber Sokrates, nicht einmal lakonischer. Auch Ciceros „Omne jus a Jove" gibt Montesquieu aus eigenem Ingenium mit dem doppelten Wortaufwand wider: „La loi est la raison du grand Jupiter." Und Jean Pauls Erkenntnis: „Humor ist überwundenes Leiden an der Welt", steht bei Jakob Burckhardt gedanklich beinah gleich, doch plumper: „Der Humor ist die Weisheitsform des heiter resignierten Überwinders."
Man mag darüber streiten, ob Marcel Prousts Paradoxon: „Die Vergangenheit entflieht nicht, sie bleibt unbewegt stehen" William Faulkners „Die Vergangenheit ist niemals tot, sie ist nicht einmal

vergangen" sozusagen erübrigt hätte. Ich meine: nein.
Doch gibt es eher grössre Ähnlichkeiten.
Etwa zwischen La Rochefoucauld: „Die Leidenschaften sind die einzigen Redner, die stets zu überzeugen verstehen", und Rivarol: „Die Leidenschaften sind die Redner der grossen Versammlungen." Zwischen der Definition Kants: „Faulheit: der Hang zur Ruhe ohne vorhergehende Arbeit", und dem Aperçu von Jules Renard: „Faulheit: die Angewohnheit, sich auszuruhen, bevor man müde wird." Zwischen den Aphorismen Wilhelm Raabes und der Ebner-Eschenbach: „Das Genie macht die Fussstapfen, und das nachfolgende Talent tritt in dieselben hinein." „Der Genius weist den Weg, das Talent geht ihn."
In ungezählten Fällen sind so nicht nur die Gedanken gleich, sondern, mehr oder weniger, auch die Worte: „Heuchelei ist eine Huldigung, welche das Laster der Tugend darbringt" (La Rochefoucauld). „Die Heuchelei kann als Gruss gelten, welchen das Unrecht der Tugend entbietet" (Ernst Wilhelm Eschmann). – „Die Architektur ist die erstarrte Musik" (Schelling). „Architektur ist gefrorene Musik" (Schopenhauer). – „Das Leben ist eine Komödie für den Denkenden und eine Tragödie für die, welche fühlen" (Hippokrates). „Das Leben ist eine Tragödie für die, die fühlen, und eine Komödie für die, die denken" (La Bruyère). – „Bigamie: eine Frau zuviel. Monogamie: dasselbe" (O. Wil-

de). „Bigamie heisst, dass man eine Frau zuviel hat. Monogamie auch" (Gabriele Wohmann).

Nicht jede Gleichheit beruht auf einem Plagiat – es gibt auch unbewusste Reminiszenzen –, und nicht jedes Plagiat verrät sich durch Gleichheit. Ich glaube, es sei wiederholt, dennoch an Originalität, zumindest in der Form.

Der dreisteste Diebstahl aber, den ich in der modernen Literatur kenne, findet sich – um dies einmal festzuhalten – in einem von mir selbst edierten Buch.

Zunächst das Original.

„Die Haare stehen einem zu Berge, wenn man bedenckt: was für Zeit und Mühe auf die Erklärung der Bibel gewendet worden ist. Wahrscheinlich ein Million Octav Bände jeder so starck als einer der allgemeinen deutschen Bibliotheck. Und was wird am Ende der Preiss dieser Bemühungen nach Jahrhunderten oder tausenden seyn? Gewiss kein anderer als der: die Bibel ist ein Buch von Menschen geschrieben, wie alle Bücher. Von Menschen die etwas anderes waren als wir, weil sie in etwas andern Zeiten lebten; etwas simpler in manchen Stücken waren als wie wir, dafür aber auch sehr viel unwissender; dass sie also ein Buch sey worin manches wahre und manches falsche, manches gute und manches schlechte enthalten ist. Je mehr eine Erklärung die Bibel zu einem gantz gewöhnlichen Buche macht, desto besser ist sie, alles das würde auch schon längst geschehen seyn, wenn nicht un-

sere Erziehung, unsere unbändige Leichtgläubigkeit und die gegenwärtige Lage der Sache entgegen wären."
Dieser Text wurde 1789 von Lichtenberg verfasst.
Und nun das Plagiat.
„Die Theologen wollen mit Gewalt aus der Bibel ein Buch machen, worin kein Menschenverstand ist. Die Haare stehen einem zu Berge, wenn man bedenkt, was für Zeit und Mühe auf ihre Erklärung gewendet worden ist; und was war am Ende, nach Jahrtausenden, der jedem Unbefangenen von vornherein selbstverständliche Preis all der Bemühungen?: kein anderer als der: Die Bibel ist ein Buch, von Menschen geschrieben, wie alle Bücher. Von Menschen, die etwas anders waren als wir, weil sie unter etwas anderen Bedingungen lebten, die in manchen Stücken unverkünstelter waren als wir, dafür aber natürlicherweise auch sehr viel unwissender. Dass sie also ein normales Buch ist, worin manches Wahre und manches Falsche, manches Gute und manches Schlechte, enthalten ist. Je mehr eine Erklärung die Bibel zu einem ganz gewöhnlichen Buch macht, desto besser ist sie; und all das würde auch schon längst geschehen sein, wenn nicht unsere Erziehung, unsere unbändige Leichtgläubigkeit und die 'gegenwärtige Lage der Dinge' dem entgegen wären."
Dieser Text steht in meiner Umfrage „Was halten Sie vom Christentum?" und wurde 1957 von Arno Schmidt geschrieben.

Jetzt aber zur Titelfrage.
Ich könnte nachweisen, dass mein Aphorismus „Nur Lebendiges schwimmt gegen den Strom" – vom Verlag als gegenteilig dem Sinn, doch sehr ähnlich dem Klang nach empfunden – schon vor drei Jahren existierte und seit zwei Jahren als Titel dient. Die Prioritätenfrage aber interessiert hier gar nicht. Und keinesfalls deshalb, weil ein Gedanke, nach Karl Kraus, nicht dem gehört, der ihn früher hatte, sondern dem, der ihn besser hat. Geht es doch da weder darum, wer zuerst oder besser formulierte, sondern wer richtig formuliert hat und wer falsch.
Mag sein, dass der Titel „Nur tote Fische schwimmen mit dem Strom" – durch Wiederholung der Vokale o und i, der Konsonanten s – besser klingt als mein eigener, ja, dass er sinnlicher wirkt: „tote Fische" statt „Lebendiges". Doch was nützt aller Wohlklang, alle Anschaulichkeit, wenn die Sache nicht stimmt! Und da gar im Titel! Zwar weiss jeder, was gemeint ist. Kein von mir Befragter aber, kaum glaublich, erkannte das Verkehrte daran.
Nun fischte ich, leider, als Junge oft genug, um zu wissen, was man ohnedies wissen könnte, dass Fische natürlich kreuz und quer, dass sie auch mit dem Strom schwimmen, dass gerade der lebende Fisch dies viel tausendmal öfter tut als der tote – kurz, ich opfere keinen guten Titel eines schlechten wegen, der ähnlich klingt.

Die Nacht steht um mein Haus. Roman (3. überarbeitete Neuausgabe: Ullstein)

Ein wesentliches, unersetzliches literarisches und ethisches Dokument dieser abstrusen Gegenwart. *Welt und Wort, Tübingen*

Dieses dünne, schmale Bändchen wiegt Stösse literarischer Dutzendware auf. Es gehört mit seinen 156 Seiten zu den wenigen Büchern deutscher Sprache, die in dieser Zeit geschrieben werden mussten.
Bücher-Kommentare, Stuttgart

Ein Buch mit wunderbaren Naturschilderungen und wunderbaren Herausforderungen, lyrisch und provokant, anstössig und stimmungsgeladen, vor allem aber von der Form her interessant.
Peter Rühmkorf, Studentenkurier, Hamburg

Deschners Grösse liegt vor allem darin, dass er die Sprache, den Rhythmus und die Melodie findet, um dieses rücksichtslose Herausbrüllen einer verlorengegangenen Zärtlichkeit auszudrücken.
Kulturleven, Löwen

Seine Sprache ist wie eine Lawine, wie ausbrechende Lava, sie brennt wie Vitriol und steigt einem zu Kopf wie Alkohol. Alles in allem ist Karlheinz Deschner ein vollendeter Sprachkünstler. *De Standaard, Brüssel*

Die Leidenschaft für die Natur ist es, worin Deschner wirklich unverwechselbar ist. Nin, Belgrad

Florenz ohne Sonne. (3. überarbeitete Neuausgabe: Ullstein)

Eine meisterliche Story. *Badische Neueste Nachrichten, Karlsruhe*

Ein Trotzdem-Lächeln, auf das sich grosse russische Erzähler so gut verstanden, und mit dem uns auch der alte Zauberer Hamsun in seinen Bann zog. *Geist und Zeit, Düsseldorf*

Das ist nur Wenigen von uns gelungen. Ich kann die Wirkung Ihres Buches auf mich eigentlich nur mit der vergleichen, die auf mich von jeher 'Paludes' von Gide gehabt haben. *Hans Erich Nossack*

Kitsch, Konvention und Kunst. Eine literarische Streitschrift (Ergänzte und überarbeitete Neuausgabe: Ullstein)

Deschner kritisiert nicht nur, er zitiert reichlich und beweist, dass er recht hat. *Elisabeth Augustin, Duitse Kroniek, Amsterdam*

Und er tut dies mit Präzisionsinstrumenten und Messgeräten von nicht zu unterschätzender Akkuratesse.
Martin Beheim-Schwarzbach, Die Welt, Hamburg

Ein Mann immerhin, durch dessen Buch 'Kitsch, Konvention und Kunst' eine ganze Generation lesen lernte und eine ganze Generation begriff, dass die bedeutende deutsche Prosa nicht von Bergengruen, Carossa und Böll, sondern von Jahnn und Musil geschrieben wurde.
Günter Maschke, Buchmagazin

Hier wird mutig, unbestechlich und genau in Sachen der Dichtung eine Lanze gebrochen. Ein Geist der Literaturkritik wird sichtbar, an dem es bei uns seit einem Jahrzehnt fehlt. *Horst Krüger, Südwestfunk*

Abermals krähte der Hahn. Eine kritische Kirchengeschichte von den Evangelisten bis zu den Faschisten (Rowohlt, Econ)

Eine Kritik der Kirchen, vornehmlich der Romkirche, vom moralischen und politischen Standpunkt aus, wie sie in dieser Offenheit, Unerbittlichkeit, wissenschaftlichen Gründlichkeit und Breite noch nie da war.
Blätter für deutsche und internationale Politik, Köln

Ein Zeitphänomen ersten Ranges. Ein ungeheures und ungeheuerliches Material. *Süddeutscher Rundfunk*

Ein überwältigendes Buch. Ein Werk von grosser Aktualität und weittragender Bedeutung. *Radio Hilversum*

Es ersetzt sozusagen ein ganzes Jahrhundert Aufklärung. Es ist ein Knotenpunkt aller bisherigen Bemühungen darum. *Phare, Luxemburg*

Deschner hat den ganzen Koloss seines Werkes wie ein ungeheueres Geschütz auf die katholische Kirche der Gegenwart gerichtet, dass diese Kirche wohl ein Heer von Fachgelehrten wird aufbieten müssen, um im Bereich der ganzen zweitausendjährigen Geschichte zur Verteidigung anzutreten. *Neue Zürcher Zeitung*

Das Kreuz mit der Kirche. Eine Sexualgeschichte des Christentums (Econ, Heyne)

Ich nehme meine Mütze vom Kopf und erkläre, ein Buch gelesen zu haben, das bestenfalls alle 20 oder 30 Jahre einmal geschrieben wird: 'Das Kreuz mit der Kirche'. *Westdeutscher Rundfunk*

Angefangen von den Hierodulen, den Tempelmädchen und den orgiastischen Kulten der antiken Mittelmeervölker bis zu den neuesten Priesterheiraten: bei Deschner steht alles.
Johannes Lehmann, Süddeutscher Rundfunk

Vieles imponiert an diesem Werk, vor allem, dass Deschner mit einer Akribie ohnegleichen geforscht hat und nicht müde wird (und hierbei auch seinen Leser niemals ermüdet), historische Fakten – häufig dem Nichttheologen – unbekannter Art auszubreiten, und dass er so seiner populär geschriebenen Arbeit das Gewicht ernsthafter Wissenschaftlichkeit verleiht. *Jean Amery, Die Zeit, Hamburg*

Ein Jahrhundert Heilsgeschichte. Die Politik der Päpste im Zeitalter der Weltkriege. Von Leo XIII. 1878 bis zu Johannes Paul I. 1978. Zwei Bände (Kiepenheuer & Witsch)

Deschner schreibt mit Wut im Bauch. Was er zu sagen hat und mit einer Fülle unwiderlegbarer Dokumente ausbreitet, ist allerdings wichtig und in seinen Zusammenhängen oft neu. Eine Fundgrube, nein, ein Beinhaus amtskirchlicher Verbrechen.
Mathias Jung, Deutsche Volkszeitung, Düsseldorf

Die christliche Heilsbotschaft wird durch die Realität dieser „Heilsgeschichte", die Deschner mit einem unwiderlegbaren Anklagematerial dokumentiert, ad absurdum geführt. *Der Freidenker, Österreich*

Das im Sinne kritischer Aufklärung nützlichste Geschichtswerk unserer Zeit vielleicht. *Robert Mächler, Freidenker, Schweiz*